ORDONNANCE
DU ROI,

Concernant la DÉSERTION.

Du 1.er Juillet 1786.

A PARIS,

DE L'IMPRIMERIE ROYALE.

M. DCCLXXXVI.

TABLE

DES TITRES ET ARTICLES

contenus dans cette Ordonnance.

TITRE I.er *Des peines prononcées contre les Déserteurs.*

TITRE II. *Du retour volontaire des Déserteurs.*

TITRE III. *Des Déserteurs arrêtés.*

*

TITRE IV. *Des Soldats absens par congés ou sortans de l'hôpital, & des Soldats de recrue.*

TITRE V. *Des Déserteurs des Troupes provinciales.*

TITRE I.er la guerre, ſon intention eſt que ceux qui s'en ſeront rendus coupables ſoient punis de mort, dans les cas & ainſi qu'il ſera ordonné ci-après; que dans les cas moins graves, mais accompagnés de circonſtances infamantes, ils ſoient condamnés, ſoit aux galères perpétuelles ou à temps, ſoit à être fouettés & marqués par le Bourreau; & enfin que, lorſque la déſertion ne ſera point accompagnée de circonſtances qui l'aggravent, elle ſoit punie des baguettes avec prolongation de ſervice, ou ſeulement d'une prolongation de ſervice.

2.

Chaîne ſupprimée.

Au moyen des peines mentionnées en l'article précédent, Sa Majeſté ſupprime celle de la chaîne, ainſi que les Dépôts de renfermement des Déſerteurs, établis par ſes Ordonnances du 12 décembre 1775, qu'Elle a abrogées & abroge, ainſi que toutes les Ordonnances précédemment & poſtérieurement rendues concernant la déſertion; voulant Sa Majeſté qu'elles ſoient regardées comme nulles & non avenues.

3.

Peine des baguettes, point flétriſſante; les Soldats qui l'auront ſubie, conſervés au ſervice de Sa Majeſté. Peine des courroies ou bretelles de fuſils infamante; ceux qui l'auront ſubie, chaſſés.

La punition des baguettes n'imprimera aucune flétriſſure à ceux qui l'auront ſubie, & Sa Majeſté les conſerve à ſon ſervice. Il n'en ſera pas de même de ceux qui, ayant aggravé encore le crime de leur déſertion par des circonſtances infamantes, ou qui coupables d'actions qui auroient ce vil caractère, auront mérité d'être paſſés, les Cavaliers, Huſſards, Dragons ou Chaſſeurs à cheval, par les courroies, & les Soldats ou Chaſſeurs à pied, par les bretelles de fuſil: Ils ſeront chaſſés avec une cartouche infamante & déclarés à jamais indignes de ſervir dans les Troupes de Sa Majeſté.

4.

Diſpoſitions relatives à la peine des baguettes.

La peine des baguettes ne ſera jamais prononcée contre un Déſerteur, que par un Jugement du Conſeil de guerre; & Sa Majeſté laiſſe à la prudence des Juges qui le composeront, à ordonner qu'elle soit subie en un ou plusieurs jours, selon le nombre de tours auquel le coupable sera condamné. Cette punition aura lieu, le premier jour, dans le Quartier & en présence du régiment dont il aura déserté & qui prendra les armes; les autres jours, il la subira à l'inspection de la garde de son régiment & en présence de sa compagnie. Si le régiment est divisé, le Jugement sera exécuté dans le Quartier de l'État-major.

5.

Idem.

LORSQU'UN Déserteur devra subir la peine des baguettes, l'intention de Sa Majesté est que l'on se conforme à l'Instruction qui sera annexée à la présente Ordonnance.

TITRE II.

Du Retour volontaire des Déserteurs.

ARTICLE PREMIER.

Manque à l'appel : Instant où le Soldat qui manque à l'appel est regardé comme Déserteur, inscrit comme tel, dénoncé.

SI un Soldat, Cavalier, Hussard, Dragon ou Chasseur, s'étant absenté de sa compagnie sans congé, n'est pas rentré dans les deux jours qui suivront celui où il aura manqué à l'appel, & qu'il manque encore à l'appel du matin du troisième; il sera dès-lors regardé comme Déserteur, noté comme tel, du jour de son absence, sur le contrôle des signalemens, & dénoncé aussitôt par le Major au Secrétaire d'État ayant le département de la guerre, pour que son signalement soit adressé à toutes les Maréchaussées du royaume. Le Major donnera directement avis de sa désertion au Prévôt général du département dans lequel ce Déserteur sera né ou aura ses parens, ainsi qu'aux Officiers de Maréchaussée des lieux où il présumera qu'il pourra s'être réfugié, afin que lesdits Prévôt général & Officiers de Maréchaussée en fassent faire les plus promptes recherches.

2.

S'il a déserté de sa garde ou de son détachement.

SI un Soldat, Cavalier, Hussard, Dragon ou Chasseur,

au lieu de s'être absenté de sa compagnie, s'est absenté de sa garde ou de son détachement; qu'il ne soit pas rentré avec ladite garde ou détachement, & qu'il manque encore à l'appel du matin du lendemain, il sera dès-lors regardé comme Déserteur, & toutes les mesures détaillées dans l'article précédent, auront leur effet & leur exécution.

3.

Soldat qui manque à l'appel, puni comme Déserteur, si étant poursuivi il est arrêté.

CE qui vient d'être prescrit relativement à la dénonciation de tout Soldat, Cavalier, Hussard, Dragon ou Chasseur, qui se sera absenté sans permission ni congé, est indépendant des mesures immédiates & promptes qui seront prises pour l'arrêter, à l'instant même où l'on sera averti qu'il manque; & si dès-lors il est arrêté, il subira les peines prononcées ci-après contre les Déserteurs arrêtés. Sa Majesté veut bien seulement exempter d'être jugé comme Déserteur, & ne pas regarder comme tel, celui qui se repentira assez-tôt pour rentrer à sa compagnie avant d'être dénoncé ou arrêté.

4.

Puni seulement de discipline de Corps, s'il rentre avant l'instant où il doit être inscrit comme Déserteur & dénoncé.

AINSI tout Soldat, Cavalier, Hussard, Dragon ou Chasseur qui, s'étant absenté sans congé, rentrera à sa compagnie avant les termes fixés par les articles 1.er & 2, ne sera point jugé comme Déserteur; & il sera puni seulement par la discipline du Corps.

5.

S'il rentre ensuite, soumis seulement à une prolongation de service.

CELUI qui rentrera volontairement à sa compagnie, mais après les termes qui viennent d'être fixés, éprouvera encore dans les cas & ainsi qu'il sera expliqué ci-après, l'indulgence de Sa Majesté; & Elle ne lui imposera d'autre peine, que de réparer sa faute par un nombre plus ou moins grand d'années de service, dans le régiment où il l'aura commise.

6.

Terme jusqu'auquel le Déserteur est admis à profiter de la grâce

MAIS Sa Majesté borne à trois mois pendant la paix, & à dix jours pendant la guerre, le temps qu'Elle laisse aux

regrets

regrets & aux remords des Déserteurs; & au-delà de ces termes de trois mois ou de dix jours, comptés de celui de leur désertion, ils ne seront plus admis au retour volontaire.

TITRE II. du retour volontaire, pendant la guerre, pendant la paix.

7.

CELUI qui, ayant déserté pendant la paix, reviendra volontairement dans l'espace de dix jours, servira une année au-delà de son engagement.

Quelle prolongation de service, s'il rentre dans l'espace de dix jours, pendant la paix;

8.

S'IL a déserté pendant la guerre, il fera quatre années de service au-delà de son engagement.

Pendant la guerre.

9.

S'IL a déserté à l'ennemi, il fera huit années de service au-delà de son engagement.

S'il a déserté à l'ennemi.

10.

MAIS s'il a déserté la veille ou le jour d'une bataille, ou s'il a déserté d'un détachement de guerre, ou d'une place assiégée, ou d'une tranchée, soit qu'il ait été à l'ennemi ou qu'il soit rentré en France, il sera exclu du retour volontaire.

Exclus du retour volontaire, s'il a déserté la veille ou le jour d'une action de guerre.

11.

CELUI qui ayant déserté pendant la paix, reviendra volontairement dans l'espace de trois mois, fera quatre années de service au-delà de son engagement.

Quelle prolongation de service, s'il rentre dans l'espace de trois mois, pendant la paix.

12.

S'IL a escaladé des remparts, il fera huit années de service au-delà de son engagement.

S'il a escaladé des remparts;

13.

S'IL a emporté ses armes à feu, il fera de même huit années de service au-delà de son engagement.

Ou emporté ses armes à feu.

14.

S'IL a déserté pendant la guerre avec les mêmes circonstances, c'est-à-dire, escaladé des remparts ou emporté ses armes à feu, & qu'il rentre dans les dix

S'il rentre dans les dix jours après avoir déserté avec ces circonstances, pendant la guerre.

TITRE II. jours; il fera de même huit années de service au-delà de son engagement.

15.

S'il a déserté, étant de service, pendant la paix;

CELUI qui aura déserté étant de service, pendant la paix, sera huit années de service au-delà de son engagement, s'il rentre dans l'espace de dix jours.

Il sera seize années de service au-delà de son engagement, s'il ne rentre qu'après l'espace de dix jours, mais dans celui de trois mois.

16.

Pendant la guerre.

CELUI qui aura déserté étant de service pendant la guerre, sera seize années de service au-delà de son engagement, s'il rentre dans les dix jours accordés pendant la guerre.

17.

Exclus du retour volontaire, s'il a déserté étant en faction, pendant la paix ou pendant la guerre.

S'IL a déserté étant en faction pendant la paix ou pendant la guerre, il est exclu du retour volontaire.

18.

S'il a été Chef de complot.

TOUT Déserteur qui aura été Chef d'un complot de déserter, sera exclu du retour volontaire.

19.

S'il a emmené son cheval ou d'autres chevaux.

TOUT Déserteur qui aura volé ou emmené son cheval, ou d'autres chevaux, sera exclu du retour volontaire.

20.

S'il a déserté plus d'une fois.

TOUT Déserteur qui aura déserté plus d'une fois, sera exclu du retour volontaire.

21.

Les bas Officiers exclus du retour volontaire.

TOUT bas Officier qui aura déserté & trompé à ce point la confiance qu'on doit avoir en lui, sera exclu de la grâce du retour volontaire.

22.

Tout Soldat jouissant de la grâce du retour volontaire, conservera son rang.

TOUT Déserteur rentré volontairement à son régiment, & y jouissant de la grâce du retour volontaire, conservera dans sa compagnie le rang qu'il y avoit; & il restera susceptible d'être par la suite fait bas Officier, s'il le mérite par sa bonne conduite.

23.

Ce que doit faire, pour éviter d'être arrêté, le Déserteur qui se repent & qui desire de rejoindre son régiment, & de profiter de la grâce du retour volontaire.

LORSQU'UN Soldat, Cavalier, Hussard, Dragon ou Chasseur ayant déserté, voudra profiter de la grâce du retour volontaire, il se présentera au Commissaire des guerres de la ville où il se trouvera, ou de la ville la plus proche; ou, au défaut d'un Commissaire des guerres, à un Officier de Maréchaussée; ou, s'il se trouve à Paris, au Lieutenant général de police. Il lui déclarera sa désertion de tel ou tel régiment, en en spécifiant la date & les circonstances, & il affirmera qu'il est dans l'intention de réparer sa faute & de rejoindre au plus tôt son régiment à ses frais. Le Lieutenant général de police de Paris, le Commissaire des guerres ou l'Officier de Maréchaussée, à qui il se sera adressé, lui expédieront alors un certificat de sa déclaration, valable pour le nombre de jours dont il aura besoin pour faire sa route. Elle sera spécifiée au bas dudit certificat, moyennant lequel, & suivant exactement cette route, il ne pourra être arrêté.

24.

Idem.

LE certificat destiné à assurer le retour du Déserteur à son régiment & à l'empêcher d'être arrêté pendant sa route, ne pourra cependant avoir l'effet d'étendre pour lui la grâce du retour volontaire au-delà du terme de trois mois en temps de paix, ou de dix jours en temps de guerre, qui lui est accordé; & ce certificat ne pourra le préserver d'être arrêté dans sa route ou en arrivant à son régiment, lorsqu'il aura outrepassé ce terme.

25.

Ce que fera ledit Déserteur en arrivant à son régiment, pour y demander la grâce du retour volontaire.

LE Soldat, Cavalier, Hussard, Dragon ou Chasseur ayant déserté, & qui arrivera à son régiment pour y demander la grâce du retour volontaire, s'y présentera d'abord au premier poste, dont le Commandant le fera conduire au principal poste de la Garnison ou du Quartier; il s'adressera au Commandant de ce poste, à qui il

TITRE II. déclarera l'objet de son retour; & celui-ci en rendra compte aussitôt au Commandant de la Place, & en fera instruire celui du régiment. Le Soldat, Cavalier, Hussard, Dragon ou Chasseur, sera conduit en prison par les ordres du Commandant de la Place, pour y rester le temps nécessaire pour constater légalement, & ainsi qu'il sera prescrit ci-après, l'époque & les circonstances de la désertion, celle du retour & le temps de service que le Déserteur sera obligé de faire en réparation de sa faute: Il sortira de prison aussitôt ces formes remplies.

Voy. Tit. VI, art. 6.

26.

Si ce régiment est à l'Armée ou campé.

Si le régiment que rejoint le Soldat, Cavalier, Hussard, Dragon ou Chasseur qui a déserté, est à l'Armée ou campé, le Soldat fera la déclaration susdite au Commandant du premier poste qu'il rencontrera; celui-ci en rendra compte au Major général, & d'après l'ordre qu'il en recevra, il fera conduire le susdit Soldat à son régiment, où il sera détenu à la garde du Camp, pour y être soumis à ce qui est prescrit par l'article précédent.

27.

Distinction de paix & de guerre dans les cas de désertion, & relativement aux peines infligées par l'Ordonnance.

Les dispositions de la présente Ordonnance, tant dans les articles précédens que dans ceux qui suivront, relativement à la distinction de paix & de guerre, auront leur application, ainsi qu'il suit:

Toutes les fois qu'un régiment sera hors du royaume ou sur une frontière, dans le cas d'avoir à se garder contre l'Ennemi, les Déserteurs de ce régiment seront soumis aux peines ordonnées pour devoir avoir lieu pendant la guerre.

Conséquemment les Déserteurs des régimens qui seront sur les côtes pendant une guerre de mer, seront soumis aux susdites peines.

Ceux des régimens qui resteront dans l'intérieur du royaume ou sur une frontière éloignée de celle où sera le théâtre de la guerre, subiront les peines ordonnées contre les Déserteurs pendant la paix.

Mais

Mais si un Déserteur de ces régimens veut profiter de la grâce du retour volontaire, & que dans cet intervalle son régiment marche à l'Armée ou se porte sur la frontière où sera le théâtre de la guerre; dès qu'il y sera arrivé, le Déserteur ne sera plus admis au retour volontaire, qu'autant qu'il n'aura pas outre-passé le terme de dix jours, au-delà duquel cette grâce n'est plus accordée pendant la guerre; mais les dix jours lui seront alors accordés, à compter de celui où le régiment sera arrivé à l'Armée ou sur la frontière.

28.

Déserteur engagé & qui se déclare, admis aux avantages du retour volontaire.

SA MAJESTÉ veut bien cependant accorder à tout Déserteur de ses Troupes, qui s'étant engagé dans un autre régiment, se déclarera, & dans quelque temps qu'il se déclare, la grâce du retour volontaire; pourvu toutefois que sa désertion n'ait point été accompagnée de circonstances qui l'en excluent. Il fera sa déclaration au Commandant de sa compagnie, qui en rendra compte au Major, & celui-ci au Commandant de son régiment. Le Déserteur sera constitué prisonnier & conduit à son premier régiment, où il sera jugé dans la même forme que tous les Déserteurs admis à profiter de la grâce du retour volontaire; & il sera condamné, en réparation de sa faute, à huit années de service au-delà de son engagement.

TITRE III.

Des Déserteurs arrêtés.

ARTICLE PREMIER.

Déserteur arrêté.

SA MAJESTÉ n'ayant, par le titre précédent, imposé d'autres peines aux Déserteurs de ses Troupes qui y rentreront volontairement dans le temps qu'Elle leur prescrit, que de réparer leur faute par un nombre plus ou moins grand d'années de service; Elle soumet aux peines suivantes ceux qui seront arrêtés sans avoir profité de cette

TITRE III. grâce, ou ceux qui, par les circonstances de leur désertion, seront indignes de l'obtenir.

2.

S'il a déserté pendant la paix;

TOUT Soldat, Cavalier, Hussard, Dragon ou Chasseur arrêté, ayant déserté pendant la paix, passera dix tours de baguettes par cent hommes, & il servira huit années au-delà de son engagement.

3.

Pendant la guerre;

S'IL a déserté pendant la guerre, il passera quinze tours de baguettes par deux cents hommes, & il servira seize années au-delà de son engagement.

4.

À l'Ennemi.

S'IL a déserté à l'Ennemi, il sera passé par les armes.

5.

S'il a déserté la veille ou le jour d'une action de guerre.

S'IL a déserté de l'Armée la veille ou le jour d'une bataille, ou s'il a déserté d'un détachement de guerre ou d'une place assiégée, ou d'une tranchée; il sera fouetté par le Bourreau, marqué d'un *P.* à l'épaule, & condamné aux galères pour trente ans.

6.

Si dans ces circonstances il a déserté à l'Ennemi.

SI dans les mêmes circonstances il a déserté à l'Ennemi, il sera pendu.

7.

S'il a escaladé des remparts;

TOUT Soldat, Cavalier, Hussard, Dragon ou Chasseur arrêté, ayant déserté & escaladé des remparts, passera quinze tours de baguettes par deux cents hommes, & il servira dix années au-delà de son engagement, s'il a déserté pendant la paix:

Et si c'est pendant la guerre, il sera condamné à être pendu.

8.

Emporté ses armes à feu.

TOUT Soldat, Cavalier, Hussard, Dragon ou Chasseur arrêté, ayant déserté & emporté ses armes à feu, subira les mêmes peines prononcées par l'article ci-dessus.

9.

TOUT Soldat, Cavalier, Huſſard, Dragon ou Chaſſeur arrêté, ayant déſerté étant de ſervice pendant la paix, ſera condamné aux galères pour quinze ans; *S'il a déſerté, étant de ſervice, pendant la paix;*

Et aux galères perpétuelles, s'il étoit en faction. *Étant en faction;*

10.

TOUT Soldat, Cavalier, Huſſard, Dragon ou Chaſſeur arrêté, ayant déſerté étant de ſervice pendant la guerre, ſera condamné à être pendu. *Pendant la guerre.*

11.

TOUT Déſerteur pris les armes à la main contre les Troupes du Roi, ou enrôlé dans les Troupes ennemies, ſera condamné à avoir le poing coupé & à être pendu. *S'il eſt pris dans les Troupes ennemies.*

12.

TOUT Soldat, Cavalier, Huſſard, Dragon ou Chaſſeur arrêté, ayant déſerté & reconnu pour avoir été Chef de complot, ſera marqué par le Bourreau d'un *D.* ſur l'épaule, & condamné aux galères perpétuelles. *Chef de complot.*

13.

CELUI qui ſera convaincu d'avoir été le Chef d'un complot de déſerter, quoique ce complot n'ait pas été exécuté, ſera paſſé par les bretelles de fuſil, ſi c'eſt un Soldat ou Chaſſeur à pied; ou par les courroies, ſi c'eſt un Cavalier, Huſſard, Dragon ou Chaſſeur à cheval: il ſera enſuite chaſſé avec une cartouche jaune. *Si le complot n'a point été exécuté.*

14.

CELUI qui aura participé au complot de déſerter & pris jour avec le Chef, ſans que ce complot ait été exécuté, paſſera cinq tours de baguettes par cent hommes, & il fera quatre années de ſervice au-delà de ſon engagement. *Complices.*

15.

CELUI qui, ſans avoir participé au complot de déſerter, en aura eu connoiſſance & ne l'aura pas déclaré, recevra trois jours de ſuite, cinquante coups de plat de ſabre, *Punition de ceux qui, inſtruits du complot, ne l'auront pas dénoncé.*

 & sera obligé de faire quatre années de service au-delà de son engagement.

16.

Récompense à ceux qui l'auront dénoncé.

SA MAJESTÉ accorde à tout Soldat, Cavalier, Hussard, Dragon ou Chasseur, qui fera la dénonciation d'un complot de déserter, Cent livres de gratification & son congé absolu. Cette somme lui sera payée & son congé absolu délivré, aussitôt après les preuves acquises de la réalité du complot; & le Secrétaire d'État de la guerre, à qui ces preuves seront adressées, fera rembourser la susdite somme de Cent livres à la Masse des Recrues, qui l'aura avancée.

17.

Déserteur ayant volé.

TOUT Soldat, Cavalier, Hussard, Dragon ou Chasseur arrêté, ayant déserté & volé, sera fouetté par le Bourreau, marqué à l'épaule des lettres *D.* & *V.* & condamné aux galères perpétuelles.

18.

S'il a emmené son cheval.

TOUT Cavalier, Hussard, Dragon ou Chasseur à cheval arrêté, ayant déserté avec son cheval, sera condamné aux peines ordonnées par l'article précédent, s'il a déserté pendant la paix: Si c'est en temps de guerre il sera pendu.

19.

S'il a emmené d'autres chevaux.

CELUI qui, en désertant, aura emmené un autre cheval que le sien, ou plusieurs chevaux, soit en temps de paix, soit en temps de guerre, sera pendu.

20.

S'il s'est défendu lorsqu'il a été arrêté.

SI un Déserteur est arrêté en se défendant à main armée contre la Maréchaussée ou contre un détachement des Troupes du Roi, son procès lui sera fait par le Prévôt, & il sera condamné à être pendu.

Mais si ce détachement des Troupes du Roi étoit de son régiment ou de sa garnison, il y seroit ramené pour être jugé par le Conseil de guerre, & de même condamné à être pendu.

21.

21.

Si un Déserteur est arrêté par des Bourgeois ou Paysans, ou par des Employés des Fermes, & qu'il se soit défendu contr'eux à main armée, il sera ramené à son régiment pour y passer quinze tours de baguettes par deux cents hommes; & il servira six années au-delà de la prolongation qu'il auroit encourue par sa seule désertion.

Idem.

S'il avoit tué quelqu'un desdits Bourgeois, Paysans ou Employés, il sera jugé par le Prévôt & condamné à être pendu.

22.

Tout Déserteur arrêté déguisé, passera dix tours de baguettes par deux cents hommes, & il servira douze années au-delà de son engagement.

S'il étoit déguisé.

23.

Tout Soldat, Cavalier, Hussard, Dragon ou Chasseur, qui sera arrêté pour la seconde fois comme Déserteur, sera condamné aux galéres pour quinze ans.

Déserteur arrêté pour la seconde fois.

24.

Celui qui aura déserté plus de deux fois, sera fouetté par le Bourreau, marqué d'un *D.* à l'épaule, & condamné aux galères perpétuelles.

S'il a déserté plus de deux fois.

25.

Si un Déserteur s'est engagé, qu'ensuite il ne se soit pas déclaré & qu'il n'ait pas profité de la grâce de l'article 28 du Titre II, qui le fait participer à celle du retour volontaire; ledit Déserteur, s'il est découvert dans le régiment où il se sera engagé, sera reconduit à son premier régiment, & il y sera condamné, si toutefois les circonstances de sa désertion ne lui ont pas fait encourir des peines plus fortes, à celle de quinze tours de baguettes par deux cents hommes; il servira ensuite seize années au-delà de l'engagement qu'il y avoit contracté.

Déserteur découvert dans un autre régiment.

26.

Si le Déserteur a escaladé des remparts ou s'il a déserté

S'il a déserté

TITRE III. *avec des circonstances aggravantes.*

avec des armes à feu, il sera condamné aux galères pour dix ans; pour vingt ans, s'il a déserté étant en faction: si c'est pendant la guerre qu'il a déserté avec ces mêmes circonstances, il sera pendu.

27.

Idem.

Si le Déserteur, engagé & découvert dans un autre régiment, & reconduit en conséquence à son premier régiment, avoit volé; il seroit fouetté par le Bourreau, marqué à l'épaule des lettres *D.* & *V.* & condamné aux galères perpétuelles.

28.

Tout Déserteur dégradé des armes s'il doit être puni par le Bourreau.

Toutes les fois qu'un Déserteur sera dans le cas de subir une peine afflictive ou celle de mort par la main du Bourreau, il sera dégradé des armes avant de la subir.

29.

Cas compliqués de désertion.

Toutes les fois que les circonstances compliquées de la désertion se rapporteront à la fois à différens articles de cette Ordonnance, le Déserteur sera jugé d'après les circonstances les plus graves & condamné aux peines les plus fortes.

30.

Tout Déserteur arrêté, mis, s'il continue de servir, à la queue de sa Compagnie.

Tout Soldat, Cavalier, Hussard, Dragon ou Chasseur arrêté, & se trouvant dans le cas de faire une prolongation de service, sera mis à la queue de sa compagnie & privé pendant huit ans de tout congé limité ou de semestre. Il restera susceptible des hautes-payes & honneurs militaires, à compter du premier jour de son nouveau service.

TITRE IV.

Des Soldats absens par Congé ou sortans de l'Hôpital, & des Soldats de recrue.

ARTICLE PREMIER.

Sommations supprimées.

Les Loix militaires de Sa Majesté devant être suffisamment connues de ses Troupes, par le soin des Officiers &

ses Officiers à en instruire les Soldats de leurs compagnies & les hommes de recrue qu'ils engagent; Elle a jugé inutile que ceux qui ne se rendroient pas à leurs compagnies, aux termes qui leur sont prescrits, ou suivant les routes qui leur sont données, fussent désormais sommés de le faire; & Elle soumet ceux qui y manqueront aux peines ordonnées contre les Déserteurs de ses Troupes, avec les modifications qu'il a été de sa justice & de sa bonté d'y apporter, telles qu'elles seront exprimées ci-après.

2.

Retour volontaire, après un congé expiré.

SI un Soldat, Cavalier, Hussard, Dragon ou Chasseur, n'a pas rejoint à l'expiration d'un congé limité; qu'il ne puisse justifier son retard par un certificat de maladie en bonne forme, & que cependant il rentre à sa compagnie dans l'espace de trois mois, il profitera de la grâce du retour volontaire. Il sera soumis aux formes prescrites pour les Déserteurs à qui Sa Majesté veut bien accorder cette grâce; & il servira une année au-delà de son engagement, s'il est rentré dans le premier mois; deux années, s'il n'est rentré que dans le second mois; & trois années s'il n'est rentré que dans le troisième.

3.

Arrêté, après un congé expiré.

AU-DELÀ du susdit terme de trois mois, à dater de l'expiration de son congé, aucun Soldat, Cavalier, Hussard, Dragon ou Chasseur, ne sera plus admis au retour volontaire; & s'il est arrêté il sera soumis aux peines portées au Titre III, contre les Déserteurs arrêtés.

4.

Idem.

SI même il est arrêté dans le susdit intervalle de trois mois, & sans avoir profité de la grâce du retour volontaire, il sera soumis aux mêmes peines portées contre les Déserteurs arrêtés.

5.

N'ayant pas rejoint à sa sortie de l'Hôpital.

VEUT Sa Majesté qu'il en soit de même de tout Soldat, Cavalier, Hussard, Dragon ou Chasseur, qui, étant sorti

TITRE IV. de l'hôpital, n'aura pas rejoint le jour fixé par la route inſcrite ſur ſon billet de ſortie de l'hôpital.

Retour volontaire.

Si n'ayant pas rejoint le jour fixé par cette route, & ne pouvant juſtifier ſon retard par des certificats en bonne forme, il rentre dans l'eſpace de trois mois; il profitera de la grâce du retour volontaire aux mêmes conditions preſcrites dans l'article 2.

Arrêté.

Au-delà du terme de trois mois, à dater du jour où il eût dû rejoindre, il ne ſera plus admis au retour volontaire; & s'il eſt arrêté, il ſera ſoumis aux peines portées contre les Déſerteurs arrêtés.

Si même il l'eſt dans cet intervalle de trois mois, & ſans avoir profité de la grâce du retour volontaire, il ſera ſoumis aux ſuſdites peines.

6.

Idem.

SI le Soldat, Cavalier, Huſſard, Dragon ou Chaſſeur ſorti de l'Hôpital eſt arrêté, dans quelque temps que ce ſoit, hors de la route qui lui eſt preſcrite par ſon billet de ſortie de l'Hôpital, il ſera ſoumis aux peines portées contre les Déſerteurs arrêtés.

7.

Recrue qui n'a pas joint.

TOUT homme de recrue qui s'étant engagé dans les formes preſcrites, aura diſparu ſans permiſſion du lieu où il s'eſt engagé; s'il eſt repentant de ſa faute & qu'il joigne ſon régiment dans l'eſpace de deux mois, à dater du jour où il a diſparu, il y profitera de la grâce du retour volontaire. Il ſera tenu de faire une année de ſervice au-delà de ſon engagement, qui ne courra que du jour où il aura joint ſon régiment.

Retour volontaire.

Au-delà du terme de deux mois, ledit homme de recrue ne ſera plus admis au retour volontaire.

8.

Arrêté.

S'IL eſt arrêté, ſoit pendant ces deux mois & ſans avoir profité de cette grâce, ſoit après qu'ils ſeront expirés, il ſera conduit à ſon régiment & obligé d'y ſervir deux années au-delà de ſon engagement.

9.

9.

Si ce Recrue a déjà servi;

Si l'homme de recrue, dans ce dernier cas, & arrêté, a déjà servi, l'intention de Sa Majesté est qu'alors, devant être mieux instruit des Ordonnances qu'il a transgressées, il soit plus fortement puni. Il subira cinq tours de baguettes par cent hommes, indépendamment des deux années de service qu'il sera tenu de faire d'après l'article précédent.

10.

S'il s'est évadé de sa route;

Si un homme de recrue, parti du lieu où il s'est engagé pour joindre son régiment avec un ou plusieurs autres recrues, s'est évadé de sa route, & que cependant il joigne son régiment dans l'espace de deux mois, à dater du jour où il s'est évadé; il y profitera de la grâce du retour volontaire, & il servira deux années au-delà de son engagement.

S'il est arrêté pendant ces deux mois, ou après ce terme, il sera conduit à son régiment, & obligé d'y servir trois années au-delà de son engagement;

Et si ledit homme de recrue a déjà servi, il subira six tours de baguettes par cent hommes.

11.

Ou s'il s'est arrêté & ne l'a pas suivie.

Si l'homme de recrue, parti du lieu où il s'est engagé, & muni d'une route qui fixe le jour où il doit arriver à son régiment, n'a pas suivi sa route & joint ce régiment audit jour; qu'il ne puisse pas justifier son retard par un certificat de maladie valable, & que cependant il joigne ensuite son régiment dans l'espace de deux mois, à dater du jour où il eût dû y arriver; il profitera, comme dans le cas de l'article 10, & à la même condition de deux années de service, de la grâce du retour volontaire.

Il sera de même trois années de service, s'il est arrêté;

Et s'il a déjà servi, il subira six tours de baguettes par cent hommes.

TITRE IV.

12.

Route fixée aux Soldats de recrue pour joindre leurs régimens.

L'INTENTION de Sa Majeſté eſt que lorſque les Officiers, bas Officiers & Soldats qui auront engagé des hommes de recrue voudront les faire partir pour joindre leurs régimens, ils délivrent à chacun d'eux, s'il voyage ſeul, ou à celui qui les conduira, s'ils voyagent pluſieurs enſemble, des routes indicatives des villes & lieux par leſquels ils devront paſſer pour ſe rendre aux garniſons ou quartiers de leurs régimens, fixant leurs journées de marche & le jour de leur arrivée, dont il ſera en même temps fait note ſur leurs engagemens. Les États-majors des régimens auront ſoin de munir d'imprimés d'engagemens & de routes dans la forme requiſe, les Officiers, bas Officiers & Soldats qui iront en recrue, de même que les Officiers de ſemeſtre qui ſeront tenus de faire des recrues. Le terme de deux mois, fixé au retour volontaire pour ceux qui ſeront dans le cas de profiter de cette grâce, ſera compté du jour qui leur aura été marqué ſur leurs routes & ſur leurs engagemens pour joindre.

13.

Meſures à prendre de la part du Soldat de recrue, qui, n'ayant pas joint, voudra profiter de la grâce du retour volontaire.

LORSQU'UN homme de recrue, ſoit qu'il ſe ſoit évadé ou qu'il n'ait pas joint ſon régiment au terme qui lui aura été fixé, voudra profiter de la grâce du retour volontaire, il pourra ſe préſenter au Commiſſaire des guerres de la ville où il ſe trouvera, ou de la ville la plus proche; ou, au défaut d'un Commiſſaire des guerres, à un Officier de Maréchauſſée; ou, s'il ſe trouve à Paris, au Lieutenant général de police. Il lui déclarera ſon engagement, par qui & pour quel régiment; ſon évaſion du lieu où il s'eſt engagé ou de ſa route, ou ſon retard à rejoindre, & il ſpécifiera les dates & les circonſtances. Il affirmera qu'il eſt dans l'intention de réparer ſa faute & de joindre ſon régiment au plus tôt & par le chemin le plus court. Le Lieutenant général de police de Paris, le Commiſſaire des guerres ou l'Officier de Maréchauſſée à qui il ſe ſera adreſſé, lui expédieront alors un certificat de sa déclaration, valable pour le nombre de jours dont il aura besoin pour faire sa route; elle sera spécifiée au bas dudit certificat, moyennant lequel; & suivant exactement cette route, il ne pourra être arrêté.

14.

Idem.

MAIS en conformité de ce qui est prescrit à l'article 24 du Titre II, concernant le retour volontaire, le certificat destiné à empêcher que l'homme de recrue ne soit arrêté, n'aura point l'effet d'étendre pour lui la grâce du retour volontaire au-delà des deux mois qui lui sont accordés, & ce certificat ne pourra le préserver d'être arrêté lorsqu'il aura outrepassé ce terme.

15.

Ce que doit faire ledit recrue en arrivant à son régiment.

L'HOMME de recrue qui, n'ayant pas joint d'abord son régiment le jour qui lui aura été fixé, profitera ensuite, dans l'espace de deux mois, de la grâce du retour volontaire, sera soumis en arrivant à son régiment aux formes établies ci-après Titre VI, pour constater cette grâce & la prolongation de service qui devient la condition à laquelle elle lui est accordée.

16.

Soldat de recrue engagé pour deux régimens; s'il a joint le premier & qu'il se déclare;

LORSQU'UN homme de recrue se sera engagé pour deux régimens, & qu'ayant joint celui pour lequel il aura contracté le premier engagement, il y déclarera volontairement le second; il sera jugé ainsi qu'il sera établi par ledit Titre VI, pour tout homme qui profite de la grâce du retour volontaire, & soumis à faire dans le premier régiment huit années de service au-delà de son engagement. Ce régiment rendra à celui pour lequel le second engagement aura été contracté la moitié du prix fixé.

17.

S'il y est découvert;

SI, au lieu de déclarer volontairement le second engagement, il est découvert; celui qui l'aura contracté passera dix tours de baguettes par deux cents hommes, & servira, comme il est dit ci-dessus, huit années de plus dans le premier régiment pour lequel il se sera engagé.

18.

S'il a joint le second & qu'il se déclare;

Si l'homme de recrue engagé pour deux régimens a joint celui pour lequel il a contracté le second engagement & qu'il s'y déclare, le Major de ce régiment ayant reçu sa déclaration dans la forme prescrite par l'article 13, lui expédiera un certificat de cette déclaration, valable pour le nombre de jours dont il aura besoin pour joindre son premier régiment; & ledit homme de recrue, y arrivant au terme fixé par la route qui sera spécifiée sur le certificat, y sera tenu à huit années de service au-delà de son engagement.

19.

S'il y est découvert;

Si, au lieu de se déclarer, il est découvert, il sera conduit au régiment pour lequel il aura contracté le premier engagement; il y passera dix tours de baguettes par deux cents hommes, & y servira huit années au-delà de son engagement.

20.

S'il n'a joint aucun des deux, & qu'il soit arrêté.

Si un homme de recrue, s'étant engagé pour deux régimens sans avoir joint aucun des deux, est découvert & arrêté dans le royaume; il sera conduit au premier régiment pour lequel il s'est engagé; il y passera dix tours de baguettes par deux cents hommes, & y servira huit années au-delà de son engagement.

21.

Engagé pour plus de deux régimens.

Tout homme qui aura contracté plus de deux engagemens ne sera plus reçu à une déclaration volontaire; & lorsqu'il sera arrêté, il sera condamné à être fouetté par le Bourreau, marqué d'un *V.* à l'épaule, & envoyé aux galères perpétuelles.

22.

Faux signalement.

Si un homme de recrue en s'engageant, a donné un faux signalement, il aura un mois pour le déclarer; passé lequel terme, & s'il est découvert, il sera condamné à quinze tours de baguettes par cent hommes, & obligé de servir quatre années au-delà de son engagement.

23.

23.

Faux ſignalement donné pour ſe dérober à la Juſtice.

S'IL eſt reconnu qu'un homme de recrue ait donné un faux ſignalement pour ſe dérober aux pourſuites de la Juſtice; il ſera conduit, pour y être jugé, dans les priſons du Siége qui aura pris connoiſſance de ſon crime ou délit.

24.

Homme de recrue, déjà réformé, & qui ne s'eſt pas déclaré.

TOUT Soldat, Cavalier, Huſſard, Dragon ou Chaſſeur ayant été réformé pour infirmités, ou chaſſé avec une cartouche jaune, & ne l'ayant pas déclaré en ſe préſentant pour contracter un nouvel engagement, ſera condamné; ſavoir: celui qui aura été réformé pour cauſe d'infirmités, à ſix ſemaines de cachot, & à être chaſſé avec une cartouche jaune; & celui qui aura déjà été chaſſé avec une cartouche jaune, à être fouetté par le Bourreau, marqué de la lettre *E.* comme eſcroc du prix d'un engagement, & envoyé aux galères perpétuelles.

25.

Recruteurs punis s'ils ont fait contracter des doubles engagemens.

SA MAJESTÉ ayant réglé, par les articles précédens de la préſente Ordonnance, les peines qui ſeront infligées aux Soldats, Cavaliers, Huſſards, Dragons ou Chaſſeurs qui ſe ſeront engagés pour pluſieurs régimens, Elle ordonne que les Officiers qui leur auroient fait contracter un ſecond engagement, ayant connoiſſance du premier, ſoient punis de deux mois de priſon; que les bas Officiers ſoient caſſés & mis à la queue de leurs compagnies, où ils ſerviront douze années au-delà de leur engagement; & que les Soldats, Cavaliers, Huſſards, Dragons ou Chaſſeurs ſoient condamnés à dix tours de baguettes par cent hommes, & à ſervir huit années au-delà de leurs engagemens.

26.

Gentilshommes engagés.

UN Gentilhomme qui, en s'engageant, n'aura pas déclaré ſon état, pourra ſe faire connoître lorſqu'il le voudra, & jouir des priviléges de la Nobleſſe; mais s'il ne fait ſa déclaration qu'après avoir commis un délit, il ſera ſujet aux peines portées par les Ordonnances contre tout Soldat, Cavalier, Huſſard, Dragon ou Chaſſeur.

TITRE V.

Des Déſerteurs des Troupes provinciales.

ARTICLE PREMIER.

Hommes devant tirer au ſort, & qui ne ſe ſeront pas préſentés.

TOUS garçons ou hommes veufs ſans enfans, qui ſe trouveront dans le cas de tirer au ſort pour la levée des Soldats provinciaux, & qui ne comparoîtront pas devant les Intendans & Commiſſaires chargés de la levée, au jour qui aura été indiqué pour tirer, ſeront déclarés, de droit, Soldats provinciaux, obligés comme tels, à ſix années de ſervice, & à quatre années de plus pour n'avoir pas comparu au jour fixé. L'intention de Sa Majeſté eſt que les Intendans en tiennent des états exacts, pour en faire faire la recherche aux frais des Commmunautés.

2.

Indiqués par ceux à qui le ſort ſera échu.

PERMET Sa Majeſté aux garçons ou hommes veufs auxquels le ſort ſera échu, de faire la recherche de ceux qui ayant dû ſe préſenter, n'auront point paru pour tirer au ſort, & de les indiquer au Commandant de la Maréchauſſée; ſon intention étant que, ſur la réquiſition deſdits garçons, ils ſoient arrêtés & contraints de ſervir, ainſi qu'il eſt dit ci-deſſus, l'eſpace de quatre ans au-delà du terme ordinaire de ſix années; & que celui qui les aura fait arrêter, ne ſoit plus tenu de ſervir que trois ans au lieu de ſix; voulant Sa Majeſté que ſon congé abſolu lui ſoit expédié après ledit terme de trois années.

3.

Punition & prolongation de ſervice de ceux qui ne ſe ſeront pas préſentés;

TOUT homme arrêté pour ne s'être pas préſenté au tirage, ſera mis en priſon pendant un mois, & ſignalé ſur le contrôle du régiment ou bataillon de garniſon dont il doit faire partie; & il y ſera fait mention de la prolongation de ſervice qu'il doit ſubir en conſéquence des articles 1.er & 2 ci-deſſus.

4.

De ceux à qui le sort sera échu, & qui ne se seront point rendus au quartier d'Assemblée :

Si un Soldat provincial ne s'est point rendu au quartier d'assemblée de son bataillon ou régiment à l'époque qui aura été fixée & indiquée, & qu'il ne puisse justifier son retard ou son absence par un certificat de maladie valable, il sera enregistré au Contrôle dudit bataillon ou régiment pour y servir quatre années au-delà des six années de service qu'il devoit y faire.

5.

Prononcées par les Intendans;

Les prolongations de service établies par les articles 2, 3 & 4, seront prononcées par les Intendans, soit pour les garçons ou hommes veufs qui n'auront pas comparu au tirage, soit pour ceux qui, déjà inscrits Soldats provinciaux, ne se seront pas rendus aux quartiers d'assemblée de leurs bataillons ou régimens, aux époques fixées.

6.

Par les Conseils de régiment ou de guerre, en garnison ou à l'Armée.

Mais lorsque lesdits bataillons ou régimens provinciaux sortis de leurs quartiers, seront en garnison ou à l'Armée, ou en route pour s'y rendre; ou seulement s'ils en ont reçu l'ordre & celui de se préparer à servir : ils seront dès-lors soumis aux loix établies pour l'Infanterie; & les Soldats provinciaux seront jugés par les Conseils de régiment ou de guerre, soit pour les prolongations de service, soit pour les peines plus graves qu'ils auroient encourues, & dans les formes établies pour les Troupes réglées de Sa Majesté.

Voy. Tit. VI.

7.

Régimens de Grenadiers-Royaux.

Ce qui vient d'être dit aura son application pour les régimens de Grenadiers-royaux assemblés, dès qu'ils serviront ou auront l'ordre de servir.

8.

Prolongation de service des Soldats ou Grenadiers des Troupes provinciales,

Les Soldats ou Grenadiers des régimens provinciaux ou de Grenadiers-royaux, qui se seront absentés de leurs bataillons ou régimens sans congé, seront admis au retour volontaire, dans les cas & ainsi qu'il est prescrit au

TITRE V. *admis au retour volontaire.*

Titre II de la présente Ordonnance; mais les Soldats ou Grenadiers des Troupes provinciales ne seront astreints qu'à des prolongations de service moindres d'un quart que les Soldats des Troupes réglées, afin que ces prolongations soient proportionnées à l'obligation primitive de leur service.

9.

Déserteur des Troupes provinciales arrêté.

Si les Soldats ou Grenadiers, ayant déserté des régimens provinciaux ou de Grenadiers-royaux, n'ont pas profité de la grâce du retour volontaire & qu'ils soient arrêtés; ils subiront les peines portées au Titre III de la présente Ordonnance contre les Déserteurs arrêtés. Sa Majesté diminue d'un quart, ainsi qu'il est dit dans l'article précédent & par les mêmes motifs, les prolongations de service auxquelles ils seront obligés.

Si les circonstances de leur désertion les ont exclus du retour volontaire; ils subiront de même, & selon les cas où ils se trouveront, les peines portées au Titre III contre les Déserteurs arrêtés.

10.

Soldats des Troupes provinciales engagés dans d'autres Corps.

TOUT Soldat des Troupes provinciales qui se sera engagé pour les Troupes réglées de Sa Majesté, sera rendu au bataillon ou régiment provincial dans lequel il devra servir.

S'il se déclare avant d'avoir joint le régiment pour lequel il se sera engagé, il sera tenu de servir quatre années dans les Troupes provinciales au-delà des six années de service qu'il devroit y faire.

S'il ne se déclare qu'après avoir joint le régiment pour lequel il se sera engagé, il sera tenu à huit années de service au-delà de ses six années.

Enfin s'il ne se déclare point & qu'il soit découvert dans le régiment où il se sera engagé, il y sera condamné par le Conseil de guerre à dix tours de baguettes par cent hommes; & après avoir subi cette peine, il sera conduit par la Maréchaussée, de brigade en brigade, au

Chef-lieu

chef-lieu de sa province. Le jugement du Conseil de guerre sera remis à l'Intendant, & le susdit Soldat provincial obligé de faire dans son régiment ou bataillon une prolongation de service de dix années.

11.

Prevôts généraux connoîtront des engagemens contractés par les Soldats des Troupes provinciales.

VEUT & entend Sa Majesté que les Prévôts généraux de la Maréchaussée & leurs Lieutenans, connoissent des engagemens qu'auront contractés les Soldats provinciaux pour les Troupes réglées.

Et si par l'instruction qui en sera faite par le Prévôt général ou Lieutenant de la Maréchaussée du département où le Soldat provincial se sera engagé, il est prouvé que les Officiers ou Recruteurs qui auront reçu son engagement, ont eu connoissance qu'il appartenoit aux Troupes provinciales; veut Sa Majesté qu'ils subissent les mêmes peines qu'Elle a réglées pour les cas semblables par l'article 25 du Titre IV.

12.

Punition des Raccoleurs qui produiront des Soldats provinciaux.

SA MAJESTÉ étant informée qu'il y a des gens appelés *Raccoleurs,* qui, ne tenant à aucun Corps de ses Troupes, font le métier de procurer des hommes aux Recruteurs moyennant une rétribution, & qui excitent les Soldats des Troupes provinciales à s'engager, sans dire qu'ils appartiennent auxdites Troupes; son intention est que, le cas arrivant, ces Raccoleurs soient arrêtés, que leur procès leur soit fait par le Prévôt, & qu'ils soient condamnés aux galères pour dix ans.

TITRE VI.

De l'exécution de la présente Ordonnance, & des Jugemens des Déserteurs.

ARTICLE PREMIER.

Jugemens par contumace.

SA MAJESTÉ ayant fait connoître par la présente Ordonnance ses volontés concernant les Déserteurs, &

prononcé les peines qu'Elle ordonne, en même temps qu'Elle leur a laissé des moyens de retour & de grâce, s'ils se repentoient assez-tôt de leur faute pour la réparer; son intention est qu'après les termes prescrits au retour volontaire expirés, c'est-à-dire après dix jours pendant la guerre, & trois mois pendant la paix; lesdits Déserteurs soient jugés par contumace par le Conseil de guerre, & condamnés, selon les cas où ils se trouveront, aux peines portés contre les Déserteurs arrêtés.

2.

Idem.

IL en sera de même selon ce qui est établi au Titre IV, des Soldats qui, n'ayant pas rejoint à l'expiration de leurs congés limités ou après leur sortie de l'Hôpital, devront être traités comme Déserteurs; & ils seront jugés comme tels par contumace, après l'expiration du temps qui leur est accordé pour leur retour volontaire, s'ils n'en ont pas profité.

3.

Idem.

LES Soldats que les circonstances de leur désertion auroient exclus du retour volontaire, seroient également jugés par contumace au bout de dix jours pendant la guerre, & de trois mois pendant la paix.

4.

Sentences envoyées.

LES Sentences des Jugemens par contumace seront aussitôt adressées au Secrétaire d'État de la guerre, qui donnera de nouveaux ordres pour que les Déserteurs condamnés soient arrêtés; & le prononcé de chaque Jugement sera inscrit sur le contrôle du régiment, au nom du Soldat qui aura été jugé.

5.

Jugemens contradictoires.

LES Déserteurs qui seront arrêtés & ramenés à leurs régimens, soit qu'ils aient déjà été jugés par contumace, ou qu'ils ne l'aient point été, seront jugés contradictoirement par le Conseil de guerre. La Sentence sera envoyée au Secrétaire d'État de la guerre, & il lui sera rendu compte de l'exécution.

Conseils de régiment.

SA MAJESTÉ permet que les Déserteurs qui rentreront ou qui se déclareront volontairement, & qu'Elle admet à profiter de la grâce du retour volontaire, ne soient pas soumis au Conseil de guerre, mais seulement à un Conseil de leur régiment; & ce Conseil sera composé du Mestre-de-camp-commandant, du Lieutenant-colonel, du premier Capitaine-commandant, du Capitaine-commandant & du premier Lieutenant de la compagnie du Soldat déserté. Ces Officiers, s'ils sont absens, seront suppléés par ceux qui les suivent. Le Major fera l'information nécessaire, entendra des témoins s'il en est besoin, & lira, au Conseil assemblé chez le Commandant du régiment, le jour & à l'heure que celui-ci aura indiqués, l'instruction qu'il aura faite. Il lira ensuite son avis, motivé sur tel ou tel article de la présente Ordonnance. Le Déserteur amené par deux bas Officiers, sera mandé par le Conseil de régiment, si les Juges ont quelque question à lui faire; ils prononceront ensuite à la pluralité des voix, & le Jugement qui en résultera sera écrit à la suite de l'instruction & des conclusions du Major, & signé de tous les Juges. Ce Jugement sera lû au Déserteur, que le Conseil de régiment fera rentrer. S'il consiste à l'absoudre, en lui imposant seulement l'obligation d'une prolongation de service; cette prolongation de service à faire, sera aussitôt inscrite par le Major sur le contrôle du régiment, en présence & à l'article du susdit Soldat, qui dès-lors ne sera plus regardé comme Déserteur; & il ne sera point ramené en prison par les bas Officiers qui l'auront amené, mais au lieu de cela conduit à sa compagnie.

Voy. l'Exemple de retour volontaire, *pag.* 31.

Si le Conseil du régiment avoit jugé que par les circonstances ou la date de sa désertion, le Déserteur ne fût pas dans le cas d'être admis au retour volontaire; alors il seroit renvoyé en prison pour être soumis au Jugement du Conseil de guerre, & le Commandant de la compagnie formeroit tout de suite une plainte, motivée du Jugement du Conseil de régiment, pour tenir un Conseil de guerre dans la forme ordinaire.

7.

Comptes rendus de leurs Jugemens.

Il sera rendu compte du Jugement du Conseil de régiment au Commandant de la Place, à l'Inspecteur & au Secrétaire d'État de la guerre.

8.

Conseils de guerre.

Les Conseils de guerre continueront d'être tenus dans les formes prescrites par les précédentes Ordonnances. Ils connoîtront de tous les cas de désertion où les Déserteurs seront arrêtés, ainsi que des cas de retour volontaire où le Conseil de régiment n'auroit pas jugé qu'ils dussent être admis à profiter de cette grâce.

9.

Ordre d'arrêter des Déserteurs.

Sa Majesté enjoint de la manière la plus expresse aux Officiers, bas Officiers & Cavaliers de Maréchaussée, de faire les recherches les plus exactes des Déserteurs, dans les auberges, cabarets & lieux publics des villes; dans les bourgs, villages, hameaux, fermes, moulins, carrières & autres endroits de leurs districts; de les arrêter & conduire dans des prisons sûres; d'informer de leur capture le Secrétaire d'État ayant le département de la guerre, & de lui donner avis pareillement des endroits privilégiés, châteaux, couvens, maisons ou autres lieux où ils auroient pu découvrir que se seroient réfugiés des Déserteurs, afin que les ordres nécessaires pour les arrêter dans lesdits endroits puissent être expédiés & envoyés aussitôt auxdits Officiers de Maréchaussée, sauf le compte qui sera rendu à Sa Majesté des noms des personnes qui auroient donné retraite auxdits Déserteurs, pour être par Elle pourvu à leur punition.

10.

Gratification pour les Déserteurs arrêtés.

Veut Sa Majesté qu'il soit payé sans délai des fonds de l'Extraordinaire des guerres une gratification de Cinquante livres aux brigades de Maréchaussée pour chaque capture,

de

de Déserteur, & ce, indépendamment des frais de conduite aux régimens, lesquels leur seront remboursés des mêmes fonds; le tout sur les ordres du Secrétaire d'État de la guerre, & d'après les procès-verbaux de capture, interrogatoires & preuves de désertion, qui lui seront adressés par les Prévôts généraux ou Lieutenans de Maréchaussée.

11.

Punition pour ne les avoir pas arrêtés, ou les avoir laissé évader.

VEUT pareillement Sa Majesté que dans le cas où il seroit prouvé qu'un ou plusieurs Officiers & Cavaliers de Maréchaussée auroient eu connoissance d'un Déserteur qu'ils n'auroient point arrêté, ayant été à portée de le faire, ils soient cassés; de même que ceux qui, chargés de conduire un Déserteur, l'auroient laissé évader.

TITRE VII.

Dispositions à l'égard des Déserteurs actuels.

ARTICLE PREMIER.

Déserteurs depuis la dernière Amnistie.

SA MAJESTÉ ayant, par son Ordonnance du 17 décembre 1784, accordé une Amnistie aux Soldats, Cavaliers, Hussards, Dragons & Chasseurs qui ont déserté de ses Troupes jusqu'au 1.er Janvier 1785 exclusivement; Elle veut bien admettre ceux qui auront déserté depuis cette époque, à en faire leur déclaration dans le délai de trois mois, à compter de la date de la présente Ordonnance, & à requérir les certificats mentionnés en l'article 23 du Titre II, à l'effet de pouvoir rejoindre avec sûreté leurs régimens, où ils seront tenus de faire la prolongation de service de quatre ans, établie par l'article 11 du même titre. Tous ceux qui seront arrêtés après le délai de trois mois, seront condamnés aux peines établies par la présente Ordonnance, selon les cas où ils se trouveront.

2.

Réfugiés en pays étranger.

SA MAJESTÉ considérant cependant que la plupart des Déserteurs réfugiés en pays étranger, ne pourroient pas

TITRE VII. profiter, dans le délai de trois mois, de la grâce accordée par l'article précédent ; Elle proroge en leur faveur ce délai à six mois, passé lesquels, & s'ils viennent à être arrêtés, ils seront, comme ceux mentionnés audit article précédent, condamnés aux peines qui y sont indiquées ; entendant au surplus Sa Majesté qu'ils justifient par les passeports que leur auront délivrés ses Ambassadeurs ou Ministres dans les Cours étrangères, pour rentrer en France, qu'ils en étoient réellement sortis.

3.

Déserteurs déjà jugés & à la chaîne.

A l'égard de ceux qui sont dès-à-présent détenus à la chaîne, l'intention de Sa Majesté est qu'ils achèvent de subir la punition à laquelle ils ont été condamnés.

MANDE & ordonne Sa Majesté aux Officiers généraux ayant commandement sur ses Troupes, aux Gouverneurs, Lieutenans généraux & Commandans dans ses provinces, aux Officiers généraux chargés de l'inspection de ses Troupes, aux Gouverneurs & Commandans de ses villes & places, aux Mestres-de-camp de ses régimens d'Infanterie françoise & étrangère, de Cavalerie, de Hussards & de Dragons, & aux Colonels de ceux de Chasseurs, aux Intendans en ses provinces & frontières, aux Prévôts généraux de la Maréchaussée, Commissaires des guerres & à tous autres ses Officiers qu'il appartiendra, de tenir la main, chacun en ce qui le concerne, à l'exacte exécution & observation de la présente Ordonnance, laquelle Sa Majesté veut être lûe & publiée à la tête des Corps, affichée, en tout ou par extrait, par-tout où besoin sera, à ce que personne n'en ignore le contenu. FAIT à Versailles, le premier juillet mil sept cent quatre-vingt-six.

Signé LOUIS. *Et plus bas,* LE M.AL DE SÉGUR.

EXEMPLE DE RETOUR VOLONTAIRE, ET DE LA MANIÈRE DONT IL DOIT ÊTRE JUGÉ.

LE nommé *André Lupin*, dit *André*, Soldat au régiment de Bourgogne, en garnison à Strasbourg, compagnie de la Grave, manque le 17 Août, à l'appel du soir.

Il n'est point rentré à l'appel du matin du 20.

Le sieur de la Grave, à qui l'on en a rendu compte, en rend compte lui-même aussitôt au Major; & celui-ci, en présence du sieur de la Grave Capitaine, écrit aussitôt sur le contrôle des signalemens, & à l'article dudit André, au-dessous de son nom: *Déserté le 17 Août.*

Le Major en rend compte ensuite & dans la matinée même, au Commandant du Régiment, à celui de la Place, & dans la journée, ou par le prochain Courrier, au Secrétaire d'État de la guerre. Il donne en même temps avis de la désertion dudit André au Prévôt général de sa province.

Si ledit André est arrêté & ramené à son Régiment, il y sera jugé par le Conseil de guerre, dans la forme ordinaire, & condamné aux peines portées contre les Déserteurs arrêtés.

Si ledit André s'est repenti de sa faute, & qu'il rentre à son Régiment dans l'espace de temps qui lui est accordé, il sera conduit, en arrivant à Strasbourg, au corps-de-garde de la Place; & il déclarera au Commandant de cette garde, qu'il a déserté, qu'il s'est repenti de sa faute, & qu'il rentre à son régiment pour la réparer & pour demander sa grâce.

Le Commandant de la garde fera conduire ledit André en prison; il en fera rendre compte au Commandant de la Place, & instruire le Major du régiment de Bourgogne, dont est supposé le nommé André; le Major en rendra compte au Commandant de son Régiment, & prendra ses ordres pour le Conseil de Régiment à tenir, & pour l'information qui devra le précéder; il procédera à cette information aussitôt qu'il lui sera possible, & elle consistera en ce qui suit:

Il mettra en tête de l'information l'article du nommé André, extrait du contrôle des signalemens, & dans lequel doit être inscrite la date de sa désertion:

Le Major fera amener chez lui le susdit André, & il y sera conduit par deux bas Officiers armés seulement de leur sabre:

Il lui fera prêter serment de dire vérité, & il l'interrogera:

Sur la date & sur les circonstances de sa désertion:

Sur la route qu'il a prise & suivie lorsqu'il a déserté & après avoir déserté.

Il lui demandera :

S'il est resté dans le Royaume,

S'il ne s'y est point engagé,

S'il a passé chez l'Étranger ou à l'ennemi,

S'il s'y est engagé.

Il l'interrogera sur l'époque de son repentir & de son retour.

Il lui demandera, si lorsqu'il a résolu de revenir, il a fait, ainsi que l'indique la présente Ordonnance, une déclaration de la volonté qu'il avoit de rejoindre son Régiment; si on lui a donné en conséquence un certificat de cette déclaration, & dans ce cas ce certificat sera remis par ledit André au Major, pour être joint à l'information & y servir de pièce justificative.

Il lui demandera s'il a suivi exactement la route mise au dos du certificat qu'il rapporte.

Il lui fera toute autre question qui pourroit être nécessaire, sans s'astreindre à faire audit André toutes celles qui viennent d'être indiquées : le Major lui fera toutes celles qui pourroient servir à éclaircir le fait & les circonstances de la désertion.

Il lui demandera s'il n'a rien de plus à dire.

L'interrogatoire fini & relû audit André, & confirmé par lui, il le signera.

Le Major le signera ensuite, & au-dessous de lui le bas Officier qui l'aura écrit.

Les deux bas Officiers qui auront amené ledit André, resteront derrière lui dans la chambre du Major, pendant son interrogatoire, & ils le reconduiront ensuite en prison.

Le Major mandera ensuite, & aussitôt qu'il sera possible, les témoins qu'il jugera nécessaire d'entendre.

Ces témoins seront, ou deux bas Officiers de la compagnie dudit André, & de préférence de sa chambrée s'il a déserté de sa compagnie; ou deux bas Officiers de sa garde ou de son détachement, s'il a déserté étant de garde ou en détachement.

Si d'après les circonstances connues de la désertion, ou d'après l'interrogatoire dudit André, le Major croit qu'il soit nécessaire d'appeler d'autres témoins, il les fera venir.

Ces témoins seront interrogés, & leurs réponses écrites & signées à la suite de celles dudit André, & dans la même forme.

Ces témoins ne seront confrontés entr'eux & avec André, que dans le cas où des contradictions entre leurs réponses & celles d'André, le feroient juger nécessaire.

L'on

L'on ſuivra, autant que cela ſe pourra, des formes ſemblables à celles qui viennent d'être indiquées, dans les cas, ou de Recrues, ou de Soldats abſens par congé, ou de Soldats ſortis de l'hôpital, ou de Soldats provinciaux, qui auront ou tardé de rejoindre ou déſerté, & que l'Ordonnance fait participer à la grâce du retour volontaire.

Il ne ſera point de rigueur & de néceſſité abſolue d'entendre des témoins, ſi le contrôle du Régiment, l'interrogatoire du Soldat qui demande la grâce du retour volontaire, & les pièces qu'il produit, conſtatent évidemment qu'il eſt dans le cas de participer à cette grâce.

Le Major jugera, en faiſant l'information, de la néceſſité des témoins, & le Conſeil de Régiment jugera enſuite ſi l'information a été ſuffiſamment faite; elle devra être, dans les cas de retour volontaire, auſſi courte & auſſi ſimple qu'il ſera poſſible.

Le Major terminera l'information par ſon avis qu'il écrira au bas, & qu'il motivera, d'une part, des circonſtances & de la date de la déſertion; & de l'autre, de l'article de l'Ordonnance qui y a rapport.

Il conclura,

Que ledit André ou autre eſt dans le cas de profiter de la grâce du retour volontaire, & doit faire un tel nombre d'années de prolongation de ſervice :

Ou bien, que n'étant pas dans le cas du retour volontaire, il ne peut pas être admis à profiter de cette grâce, & qu'il doit être jugé par le Conſeil de guerre.

Le Commandant du Régiment, inſtruit par le Major que l'information eſt complète, donnera des ordres pour aſſembler le Conſeil de Régiment, après en avoir demandé ou fait demander la permiſſion au Commandant de la Place.

Ce Conſeil ſera toujours composé des cinq Juges déſignés par l'*article 6 du Titre VI de l'Ordonnance.* Le Meſtre-de-camp-commandant, s'il eſt abſent, ſera ſuppléé par le Meſtre-de-camp en ſecond; le Major préſidera le Conſeil, s'il commande le Régiment, & dans ce ſeul cas, il ſera ſuppléé pour l'information, comme il l'eſt pour toutes les fonctions de Major; les premiers Capitaines-commandans ſuppléeront les Officiers ſupérieurs; il y aura toujours deux Officiers de la compagnie dont ſera le Soldat ſoumis au Conſeil de Régiment; le Capitaine-commandant de cette compagnie y ſera ſuppléé par le Capitaine en ſecond.

Le Conſeil de Régiment s'aſſemblera indiſtinctement le matin ou le ſoir, à la volonté du Meſtre-de-camp-commandant.

Le Major y lira l'information; pendant ce temps l'on enverra chercher, & de préférence par deux bas Officiers de ſa compagnie, armés ſeulement de leur ſabre, le Soldat qui doit être jugé par le Conſeil de Régiment.

Après que l'information ſera lûe, les Juges le feront entrer pour le queſtionner s'ils le jugent à propos, & ils le feront enſuite retirer.

Les Juges, en commençant par le dernier, prononceront leur avis; & le Jugement ſera formé de celui qui prévaudra à la pluralité des voix.

Il ſera écrit à la ſuite de l'information & des concluſions, & ſigné de tous les Officiers qui auront compoſé le Conſeil de Régiment.

Si le Jugement étoit, que le ſuſdit Soldat ne dût pas être admis à profiter de la grâce du retour volontaire, mais jugé par le Conſeil de guerre; alors le Commandant de la compagnie, préſent au Conſeil de Régiment, formeroit auſſitôt une plainte, motivée du Jugement de ce Conſeil, pour demander que le ſuſdit Soldat fût jugé par le Conſeil de guerre; cette plainte ſignée du Commandant de la compagnie, ſeroit écrite au bas de l'information & du Jugement du Conſeil de Régiment; le Commandant du Régiment, Préſident du Conſeil, ordonneroit que les bas Officiers qui auroient amené le ſuſdit Soldat, le reconduiſiſſent en priſon.

Si au contraire le Jugement eſt que le ſuſdit Soldat ſoit admis à la grâce du retour volontaire, le Préſident du Conſeil de Régiment ordonnera qu'on faſſe entrer ce Soldat, & on lui lira le Jugement qui le fait participer à cette grâce. Le Major écrira auſſitôt, & en préſence dudit Soldat, à ſon article ſur le contrôle des ſignalemens, l'extrait de ce Jugement, & le nombre d'années de prolongation de ſervice qu'il devra faire en réparation de la faute qui lui eſt pardonnée: le Préſident du Conſeil de Régiment & le Major ſigneront cet article ſur le contrôle des ſignalemens que le Major fera toujours apporter. Le Soldat, qui dès ce moment ne ſera plus regardé comme Déſerteur, ne ſera point reconduit en priſon par les bas Officiers qui l'ont amené, mais il ſera mené à ſa compagnie, où il reprendra ſon ſervice & tous les avantages qu'il y avoit.

Le Conſeil de Régiment ſera ſéparé; on rendra compte du Jugement au Secrétaire d'État de la guerre, à l'Inſpecteur & au Commandant de la Place; & ſi le Jugement renvoie à un Conſeil de guerre, le Commandant de la compagnie adreſſera tout de ſuite au Commandant de la Place la plainte déjà inſcrite au bas de l'information & du Jugement: le Major du Régiment remettra à celui de la Place une copie, ſignée de lui, de cette information.

INSTRUCTION

Sur la manière de paſſer par les Baguettes.

LE Détachement qui ſera deſtiné à paſſer un Soldat par les baguettes ſera de cent ou de deux cents hommes, ſelon le Jugement qui aura été prononcé.

Ce Détachement ſera formé, en prenant les armes, ſur deux rangs.

Il ſera diviſé en deux pelotons s'il eſt de cent hommes, en quatre pelotons s'il eſt de deux cents hommes, & commandé par un Capitaine. Chaque peloton le ſera par un Lieutenant, un Sous-lieutenant, quatre Sergens & quatre Caporaux.

Il y aura ſix Tambours à la droite & ſix à la gauche du détachement.

On commandera pour amener & reconduire le coupable un détachement d'un Sergent & douze hommes, dont quatre Caporaux.

Il y aura de plus un détachement de police, plus ou moins fort, qui placera les ſentinelles néceſſaires au bon ordre, dans le lieu où ſe fera l'exécution.

Le détachement de cent ou deux cents hommes qui y ſera deſtiné, ſe rompra par pelotons pour ſe rendre au lieu où elle devra ſe faire; il ſera précédé du détachement de police, & ſi la priſon d'où ſortira le coupable eſt à portée du quartier du régiment, il marchera avec ſon eſcorte entre le détachement de police & celui d'exécution; ſinon il ſera conduit directement de la priſon au lieu d'exécution.

Lorſque ces détachemens y ſeront arrivés, celui d'exécution ſera mis en bataille. Le Capitaine qui le commandera fera ouvrir les rangs à trois pas, & fera faire demi-tour à droite au premier rang. Les ſerre-files paſſeront derrière les rangs, les Officiers & bas Officiers ſe reculeront ſur l'alignement des ſerre-files, & les files s'ouvriront de manière à ſe partager également les intervalles laiſſés par les Officiers & bas Officiers. On commandera *Armes au pied;* & ce commandement exécuté, on paſſera les fuſils à gauche en les plaçant de ce côté de la même manière qu'ils l'étoient à droite. Le coupable paſſera enſuite entre les rangs, portant deux faiſceaux de baguettes ſous les bras, le gros bout en arrière, & tous les Soldats ſe muniront de baguettes. Il ſe dépouillera de ſa chemiſe, & ſes cheveux ſeront relevés ſous le bonnet de police. Les extrémités des deux haies ſeront fermées par les deux Caporaux de ſerre-files qui ſe trouveront le plus à portée & qui y croiſeront leurs fuſils. Les Tambours ſerreront contre ces ſerre-files; ils battront des dianes au ſignal donné, & alors l'exécution commencera. Le coupable paſſera entre les rangs, marchant au pas, précédé & ſuivi de deux Caporaux de ſon eſcorte. Les deux Caporaux qui le précéderont auront leurs fuſils renverſés, celui de droite ſous le bras gauche, & celui de gauche ſous le bras droit; les bouts des fuſils vers les pieds du coupable. Les deux qui ſuivront auront le fuſil au bras droit; & lorſque le coupable reviendra ſur ſes pas, ils porteront leurs fuſils ainſi qu'il eſt dit pour les deux premiers. Il paſſera ainſi le nombre de tours ordonné, & chaque tour conſiſtera à ſuivre une fois la longueur de la double haie, de manière que le coupable aura fait deux tours lorſqu'il ſera revenu au point d'où il eſt parti. Les Officiers & bas Officiers qui ſeront derrière les rangs veilleront à ce qu'il ne ſoit point ménagé.

L'exécution finie, les Soldats jeteront leurs baguettes en arrière par-deſſus leur tête, & le coupable ſera conduit à l'Hôpital, où l'intention de Sa Majeſté eſt que l'on ait de lui tout le ſoin néceſſaire. Il ſera gardé par une Sentinelle, & ramené, les jours que le Commandant du régiment aura ordonné, pour ſubir le nombre de tours qui lui reſteront encore à paſſer pour l'exécution de ſa Sentence. Il ſera ramené pluſieurs fois, ſi le Commandant a jugé à propos de partager ainſi la peine ordonnée. Après le dernier tour, & auſſitôt que le coupable ſera rhabillé, il ſera battu un ban, & publié une défenſe de jamais lui reprocher la punition qu'il vient de ſubir, ſous peine à celui qui la lui reprocheroit, d'en ſubir auſſitôt une ſemblable; & l'intention de Sa Majeſté eſt en effet que ſi un Soldat reprochoit à ſon camarade cette punition, il ſoit auſſitôt arrêté, mis en priſon & condamné par le Conſeil de guerre à paſſer par les baguettes, le même nombre de tours & par le même nombre d'hommes qu'aura paſſé celui à qui il aura fait ce reproche. Auſſitôt après le ban publié, le Soldat puni & ne devant plus être regardé comme coupable, ſera encore conduit à l'Hôpital, mais il n'y ſera plus gardé par une Sentinelle, & auſſitôt qu'il ſera en état de faire ſon ſervice, il retournera à ſa compagnie pour le reprendre.

L'on fera, pour paſſer un Cavalier, Huſſard ou Dragon par les baguettes, des diſpoſitions ſemblables à celles de l'Infanterie: Et dans les régimens de Chaſſeurs, les Chaſſeurs à pied & à cheval seront employés indistinctement à la punition infligée aux uns ou aux autres.

Lorsque dans un quartier il n'y aura point le nombre d'hommes suffisant pour compléter le détachement de cent ou deux cents hommes, par lequel il aura été prononcé que le coupable doit passer par les baguettes; le nombre de tours sera augmenté en proportion du moindre nombre d'hommes, de manière que le Jugement prononcé soit également exécuté.

Sur la manière de passer par les courroies ou par les bretelles de fusils.

L'EXÉCUTION se fera comme celle des baguettes. La force du détachement d'exécution ainsi que le nombre de tours que le coupable devra passer, sera également prononcé par le Conseil de guerre. Le coupable sera conduit par un détachement d'escorte. Lorsque le détachement d'exécution sera arrivé au lieu où elle devra se faire, y aura bordé la haie sur deux rangs, & que les Soldats ou Cavaliers reposés sur leurs armes, les auront passées dans le bras gauche; les Soldats déferont les bretelles de leurs fusils, & les Cavaliers, Hussards, Dragons ou Chasseurs à cheval, prendront les courroies dont ils ont dû se pourvoir.

L'exécution se fera ensuite comme celle des baguettes. Lorsqu'elle sera finie, le coupable sera conduit à l'hôpital & ramené de même, le jour ordonné, s'il doit la subir plusieurs fois; & le dernier jour de l'exécution il sera publié un ban, par lequel il sera déclaré indigne de servir le Roi. On lui mettra alors, au lieu de la veste uniforme qu'il avoit, une veste de grosse étoffe brune. On lui ôtera le bonnet de police qu'il avoit, & on lui en donnera de même un autre. Ces effets auront été achetés sur ce qui revenoit audit coupable, de son décompte, dont on lui remettra le reste avec une cartouche de couleur jaune, & dans laquelle, conformément au ban publié, il sera déclaré indigne de jamais servir Sa Majesté. Il sera conduit ensuite à l'hôpital pour y rester jusqu'à ce qu'il soit guéri; mais sans avoir de Sentinelle du régiment dont il est chassé; & il sera à la seule police de la Place.

FAIT à Versailles, le premier Juillet mil sept cent quatre-vingt-six. *Signé* LOUIS. *Et plus bas*, LE M.AL DE SÉGUR.

A PARIS, DE L'IMPRIMERIE ROYALE. 1786.

www.ingramcontent.com/pod-product-compliance
Ingram Content Group UK Ltd.
Pitfield, Milton Keynes, MK11 3LW, UK
UKHW021956260726
13994UKWH00004B/1775